CATALOGUE
DES LIVRES
DE BEAUX-ARTS
DE LITTÉRATURE ET D'HISTOIRE

COMPOSANT LA BIBLIOTHÈQUE

DE FEU

M. J. PILS

Peintre d'histoire

Officier de la Légion d'honneur, Officier de l'Instruction publique, Membre de l'Institut

Professeur à l'École des Beaux-Arts, etc., etc.

LA VENTE AURA LIEU

Le Samedi 12 Février 1876

A DEUX HEURES PRÉCISES

HOTEL DES COMMISSAIRES-PRISEURS

RUE DROUOT, SALLE N° 5

PAR LE MINISTÈRE DE Me BOUSSATON, COMMISSAIRE-PRISEUR

39, rue de la Victoire

PARIS

ADOLPHE LABITTE

LIBRAIRE DE LA BIBLIOTHÈQUE NATIONALE

4, RUE DE LILLE

1876

IMPRIMERIE J. CLAYE
RUE SAINT-BENOIT 7
PARIS

CATALOGUE

DES

LIVRES DE BEAUX-ARTS

DE LITTÉRATURE ET D'HISTOIRE

COMPOSANT LA BIBLIOTHÈQUE

DE FEU

M. J. PILS

Peintre d'histoire
Officier de la Légion d'honneur, Officier de l'Instruction publique, Membre de l'Institut
Professeur à l'École des Beaux-Arts, etc., etc.

BEAUX-ARTS

1. — GAZETTE DES BEAUX-ARTS
GALERIES DE PEINTURES

1. Gazette des Beaux-Arts. Courrier européen de l'art et de la curiosité. *Paris,* 1859-1875. 16 années en 219 livraisons formant 37 vol. gr. in-8 br.

Collection bien complète et en bon état.

La 219e livraison porte la date du 1er septembre 1875. Cette collection forme 2 périodes; la 1re de 1859 à 1869, comprenant 10 années ou 25 volumes, et la 2e de 1868 à 1875, 6 années, 12 volumes.

2. Dictionnaire de l'Académie des Beaux-Arts. *Paris, Firmin Didot frères.* 1872. 3 volume en 3 fascicules in-8, br. (planches).

3. Dictionnaire des arts de peinture, sculpture et gravure, par M. Watelet et M. Lévesque. *A Paris, chez Fuchs,* 1792, 4 vol. in-8 demi-rel., dos et coins de v. ant.

4. Muséum de Florence, ou collection des pierres gravées, statues, médailles et peintures, qui se trouvent à Florence, principalement dans le cabinet du grand-duc de Toscane; dessiné et gravé par F.-A. David. Avec des explications françaises par Mulot. — *A Paris, chez David,* 1787 à 1802, 8 tomes en 4 vol., grav. demi-rel. chag. noir, plats pap. chag.

Mouillures aux tomes I et V.

5. Ennio Quirino Visconti. Il museo Pio Clementino. *Milano, per Nicolo Bettoni,* 1818 à 1822, 7 vol. in-4 avec pl. demi-rel. chag. r. n. rog.

6. Real Museo Borbonico. *Napoli, dalla stamperia Reale,* 1824 à 1830, 7 vol. in-4, grav. demi.-rel. chag. v. dos orné, plats pap. chag. fil. ébarbé.

7. Raccolta de monumenti più interessanti del R[l]. Museo Borbonico e di varie collezioni private. Publicati da Raffaele Gargiulo. *Napoli,* 1825. In-4 160 pl. cart. n. rogné.

On a placé à la fin du volume une table manuscrite des planches qui y sont cont[illegible]nues.

8. Reale g[illegible]leria di Firenze illustrata. *Firenze, Presso Giuseppe Molini,* 1817 à 1824 3 vol in-8, gravures au trait cart. n. rog.

2. — PEINTURES, VIES DES PEINTRES

9. De la Statue et de la Peinture, traités de Léon Battista Alberti, noble Florentin, traduits du latin en français par Claudius Popelin. *Paris, A. Lévy,* 1869 in-8 br.

10. De la Peinture à l'huile, par J.-F.-L. Merimée. *Paris, Mme Huzard,* 1830, in-8, demi-rel. bas viol.

11. L'Émail des Peintres, par Claudius Popelin. *Paris, A. Lévy,*

1866, in-8, mar. rouge foncé jans. dent. int., tr. dor. (David)

Avec une lettre autographe signée de l'auteur à M. Pils.

12. Raphaël d'Urbin et son père Giovanni Santi, par J.-D. Passavant, revue et annotée par M. Paul Lacroix. *Paris, Ve J. Renouard*, 1860, 2. vol. in-8, portrait vélin blanc mod. fil. or., titre calligr.

13. Raphaël et l'Antiquité, par F.-A. Gruyer. *Paris, Ve Jules Renouard*, 1864, 2 vol. in-8 br.

14. Les Vierges de Raphaël et l'Iconographie de la Vierge, par F.-A. Gruyer. *Paris, Ve Jules Renouard*, 1869, 3. vol in-8 br.

15. Essai sur les fresques de Raphaël au Vatican, par F.-A. Gruyer. — Loges. — Chambres. — *Paris, Ve Jules Renouard*, 1859, 2 vol in-8 br.

16. Rubens et l'École d'Anvers, par Alfr. Michiels. *Paris, Ad. Delahaye*, 1854, in-8 br.

17. Émaux champlevés de l'école lotharingienne. — Notice sur un reliquaire appartenant aux religieuses ursulines d'Arras, par Charles de Linas. *Paris, V. Didron*, 1866, in-4, grav. noires et col. br.

18. Opere di Giorgio Vasari pittore e architeto aretino. *Firenze*, 1822, 6 vol. pet. in-12. Portraits au trait, demi-rel. mar. r.

19. Le Vite de pittori, degli scvltori et architetti Veronesi, del signor Fr. Bartolomeo. *In Uerona per Giouanni Berno*, 1718, pet. in-4 vél.

20. Momorie interno i letterati e gli artisti della città di Ascoli nel Piceno scritte da Giacinto Cantalamessa Carboni. *Ascoli, tipografia di Luigi Cardi*, 1830, in-4 br.

21. Albert Dürer à Venise et dans les Pays-Bas, autobiographie,

lettres, journal de voyages, papiers divers, traduits de l'allemand par Ch. Narrey, ouvrage orné de 27 gravures, *Paris, Ve Jules Renouard*, 1866, in-4 br.

22. L'Œuvre de Frogelberg, publié par Casimir Leconte. *Paris, chez A. Hauser*, 1856, in-fol., grav. demi-rel. chag., plats, toile, fil.

23. Joseph Vernet, sa vie, sa famille, son siècle, par Léon Lagrange, in-8 br. — Joseph Vernet et la Peinture au XVIIIe siècle (par le même). Édition in-8 et in-12 br. — Joseph, Carle et Horace Vernet, par Amédée Durande, in-12 br. ens., 4 vol.

24. Prud'hon, sa vie, ses œuvres et sa correspondance, par Charles Clément. *Paris, Didier*, 1872. In-8, grav. br.

25. Correspondance de François Gérard, peintre d'histoire, publiée par M. Henri Gérard et précédée d'une notice par M. Adolphe Viollet-le-Duc. *Paris*, 1867, in-8 br.

26. Louis David, son école et son temps, souvenirs par E.-J. Delecluze. *Paris, Didier*, 1863, in-18 br.

27. Gros, sa vie et ses ouvrages, par J.-B. Delestre. Deuxième édition revue et augmentée. *Paris, Ve Jules Renouard*, 1867, gr. in-8 br., 55 grav.

3. — ARCHITECTURE

28. Dictionnaire raisonné de l'architecture française du XIe au XVIe siècle, par M. Viollet-le-Duc. *Paris, B. Bance et A. Morel*, 1858, 1868, 10 vol. in-8 br. (environ 4,000 figures sur bois).

Les tomes VII, VIII et IX sont en fascicules.

29. Les Œuvres d'art de la Renaissance italienne au temple de Saint-Jean (Baptistère de Florence), par F.-A. Gruyer. *Paris, Renouard*, 1875, in-8 br.

Envoi autographe signé de l'auteur.

30. Collection de documents inédits sur l'histoire de France.— Architecture monastique, par M. Albert Lenoir. *Paris, Imprimerie nationale*, 1852 à 1856. 3 parties en 2 vol. in-4, pl. et fig., cart. n. rog.

31. Statistique monumentale de Paris, cartes, plans et dessins, par Albert Lenoir. 142 planches in-fol. dans un carton.

32. Musée des monuments français, ou Description historique et chronologique des statues en marbre et en bronze, bas-reliefs et tombeaux des hommes et des femmes célèbres, et augmentée d'une dissertation sur les costumes de chaque siècle, par Alexandre Lenoir. *A Paris, de l'imprimerie de Guilleminet*, 1800 à 1821, 8 vol. in-8, gravures, demi-rel., bas.

Le tome VI est formé par les *Peintures sur verre.*

33. Église Saint-Pierre de Montrouge (14e arrondissement), in-fol., cart., toile r.

Réunion de 8 photographies, 1 plan et 1 page de description.

34. Histoire monumentale de la Charente-Inférieure et de la Vienne. *Paris, Marescq*, 1848, in-4, 24 grav., titre avec encadrement vert et lettres vertes, demi-rel. chagr., plats toile, tr. dor.

35. Dictionnaire raisonné du mobilier français de l'époque carlovingienne à la Renaissance, par M. Viollet-le-Duc. *Paris, Bance*, 1858, et *Morel*, 1874, 6 vol. in-8 br., illustrés de gravures sur bois, sur acier et en chromolithographie.

L'ouvrage est en fascicules, excepté le tome Ier, qui est broché.

4. — COSTUMES, LIVRES A FIGURES

36. Le costume, ou Essai sur les habillements et les usages de plusieurs peuples de l'antiquité, prouvé par les monuments, par André Lens, peintre. *A Liége, chez J.-F. Bassompierre*, 1776. 160 fig., demi-rel. chagr., v., plats toile, fil., ébarbé.

37. Recueil de cent estampes représentant différentes nations du Levant, tirées sur les tableaux peints d'après nature en 1707 et 1708. *Paris, chez Le Hay*, 1714. — Explication des cent estampes qui représentent différentes nations du Levant, avec de nouvelles estampes qui ont aussi leurs explications. *A Paris, de l'imprimerie de Jacques Collombat*, 1715. 2 parties en 1 vol. in-fol., 102 pl. et 1 pl. de musique, v. ant.

38. Collection des uniformes des armées françaises de 1791 à 1824, dessinés par Horace Vernet et Eug. Lami. *Paris*, 1822-1825. 2 vol. in-8, demi-rel. chagrin vert foncé, plats toile.

142 planches lithographiées en couleurs.

39. Histoire de la chaussure depuis l'antiquité la plus reculée jusqu'à nos jours, suivie de l'histoire sérieuse et drolatique des cordonniers, par Paul Lacroix et Alphonse Duchesne. Édition enrichie de 250 gravures sur bois. *Paris, Adolphe Delahaye*, 1862, gr. in-8, demi-rel. maroq. noir.

40. Registrum huius operis libri cronicarum cũ figuris et imaginibus ab inicio mũdi (per Hartman Schedel). (*A la fin.*) *Hune librum dominus Anthonius Koberger. Nuremberger impressit*, 1493, in-fol. goth. fig. sur bois, vélin.

Exemplaire conforme à la description que donne Brunet de cet ouvrage, sauf quelques transpositions de feuillets. — Les gravures de cet ouvrage sont très-curieuses à tous les points de vue.

41. Recueil de trois cents têtes et sujets de composition gravés par M. le comte de Caylus d'après les pierres gravées antiques du cabinet du roi. *Se vend à Paris chez Basan* (*s. d.*), in-4, v. fauve antiq. fil. tr. dor.

42. Tableaux historiques de la Révolution française, ou Analyse des principaux événements qui ont eu lieu en France depuis la première Assemblée des notables, tenue à Versailles en 1787. *Paris, Joubert, Leblanc,* etc., 1817, 2 tomes en 1 vol. in-fol., gravures et portraits, demi-rel. bas.

Cet exemplaire est de la 2e édition de cet ouvrage, texte par Miger.

43. Un an à Rome et dans ses environs. Dessiné et publié par Thomas. *Paris, de l'imprimerie de Firmin Didot,* 1823, in-fol. grav. col. cart. n. rog.

44. Voyage dans la Russie méridionale et la Crimée, par la Hongrie, la Valachie et la Moldavie, exécuté en 1837, sous la direction de M. Anatole de Demidoff, par MM. de Sainson, Le Play, Huot, Léveillé, de Nordmann, etc. *Paris, Gihaut frères* (*s. d.*), in-fol., gravures, demi-rel. chag. noir, plats pap. chag.

Les portraits de la fin ont de fortes taches de rouille.

45. Douze gravures de Géricault, chevaux, publiées par Gihaut, in-fol. cart.

46. Souvenirs d'Italie. Expédition de Rome. *Paris, Gihaut,* (*s. d.*). In-fol., 36 grav. cart. toile.

47. Gavarni. Paris le soir, les Débardeurs, Clichy, les Étudiants, les Lorettes, Fourberies, Martyrs, le Dimanche, etc., etc. (*s. l. n. d.*), 3 vol. pet. in-fol. gravures, demi-rel. chag. r. plats toile, tr. peigne.

Gravures d'après Gavarni, découpées dans les journaux et réunies dans ces trois volumes.

48. Gavarni, l'homme et l'œuvre, par Edmond et Jules de Goncourt, ouvrage enrichi du portrait de Gavarni gravé à l'eau-forte par Flameng. *Paris, Plon*, 1873, in-8, br.

49. Für's Haus, von Ludwig Richter. Im Winter. *Dresden, Verlag von Gaber et Richter* (*s. d.*). — Vater Unser in Bildern, von Ludwig Richter. *Dresden, Gaber et Richter*, S. D. Deux albums in-4, grav., en feuilles dans un carton.

50. Trente-neuf planches de W. Hogarth, gravées par Riepenhausen. Pet. in-fol, mar. r. tr. dor. (*Anc. rel.*)

5. — ARCHÉOLOGIE

51. Dictionnaire des antiquités romaines et grecques accompagné de 2,000 gravures d'après l'antique, par Anthony Rich. *Paris, Firmin Didot*, 1861, in-8 br.

52. Dictionnaire des antiquités grecques et romaines d'après les textes et les monuments. Ouvrage rédigé par une société d'écrivains spéciaux, sous la direction de MM. Ch. Daremberg et Edm. Saglio, fascicules 1 à 4, *Paris, Hachette*, 1873 à 1875, 4 fascicules in-4 avec figures, br.

53. Encyclopédie méthodique, recueil d'antiquités, rédigé par Mongez. *A Paris, chey H. Agasse*, 1804, in-4, 380 pl. cart. en 4 vol. non rog.

54. Recueil d'antiquités égyptiennes, étrusques, grecques et romaines (par Caylus). *A Paris, chez Desaint et Saillant*, 1761 à 1767, 7 vol in-4 avec planches v. ant. fil tr. dor.

Fortes mouillures.

55. Monumenti antichi inediti spiegati ed illustrati da Giovanni

Winckelmann. *Roma,* 1767, 2 vol. *(A la suite.)* Ricerche sopra un Apolline della villa dell' signor cardinale Alessandro Albani. *In Roma, dalle stampe di Generoso Salomoni,* 1772. *(A la suite.)* Saggio di osservazioni sopra un bassorilievo della villa dell' signor cardinale Alessandro Albani. *In Roma, dalle stampe di Generoso Salomoni,* 1773. *(A la suite.)* Dissertazione sopra un singolar combattimento espresso in bassorilievo esistente nella villa d'ell' eminentissimo cardinale A. Albani. *S. L. S. A.* 5 parties en 1 vol in-fol. nombreuses planches vélin.

Exemplaire grand de marges. — Mouillure.

56. Storia delle arti del disegno presso gli antichi di Giovanni Winckelmann. Tradotta dal tedesco. *In Milano, nell' Imperial Monistero di S. Ambrogio Maggiore,* 1779, 2 vol in-4 planches, demi-rel. bas.

57. Galerie mythologique, recueil de monuments pour servir à l'étude de la mythologie, avec 190 planches gravées au trait par A.-L. Millin. *A Paris,* 1811, 2 vol. in-8 cart.

58. Biographie universelle ancienne et moderne. Partie mythologique, t. 53 à 55. *A Paris, chez L.-G. Michaud,* 1832 à 1833, 3 vol in-8 grav., demi-rel. bas.

59. Antiquités grecques, ou Tableau des mœurs, usages et institutions des Grecs par Robinson, traduit de l'anglais. *Paris,* 1838, 2 vol. in-8 br.

60. Peintures antiques inédites précédées de recherches sur l'emploi de la peinture dans la décoration des édifices sacrés et publics chez les Grecs et chez les Romains, faisant suite aux monuments inédits, par M. Raoul Rochette. *Paris, Techener,* 1836, in-4 br. pl. col.

61. Fouilles et Découvertes résumées et discutées en vue de

2

l'histoire de l'art, par M. Beulé. *Paris, Didier*, 1873, 2 vol. in-8 br.

62. L'Acropole d'Athènes, par M. Beulé. *Paris, Firmin Didot*, 1862, gr. in-8 br., planches.

63. Sur la statue antique de Vénus Victrix, découverte dans l'île de Milo en 1820. Br. in-4°. — La Colonne Trajane, décrite par W. Froehner. *Paris*, 1865, in-8 br.

64. Description des principales pierres gravées du cabinet de S. A. S. Monseigneur le duc d'Orléans, premier prince du sang (par MM. les abbés La Chau et Leblond). *A Paris, chez Pissot*, 1780 à 1784, 2 vol. petit in-fol., fig. v. ant., fil.

Reliure fatiguée. — Le faux-titre du tome Ier manque.

65. Antiquités étrusques, grecques et romaines. Tirées du cabinet de M. Hamilton. *A Naples*, 1766 à 1767, 2 vol. in-fol., grav. color. v. ant., marb.

Ouvrage publié en anglais et en français.

66. Recueil de gravures d'après des vases antiques d'un ouvrage grec trouvé dans des tombeaux dans le royaume des Deux-Siciles, mais principalement dans les environs de Naples; les années 1689 et 1790, tirées du cabinet de M. le chevalier Hamilton. *Publié par M. Guillaume Tischbein, à Naples*, 1795, 2 tomes en 5 volumes in-fol., grav. au trait., vél.

67. Les plus beaux Monuments de Rome ancienne, ou Recueil des plus beaux morceaux de l'antiquité romaine qui existent encore. *A Rome, chez Bouchard et Gravier*, 1761, in-fol., 128 planches dessinées par Barbault, cart.

68. Accurata, e succinta descrizione topografica delle antichita

di Roma dell'abate Ridolfino Venuti. *In Roma, Presso Gio. Battista Bernabo,* 1763, 2 tomes en 1 vol. in-4, gravures, v. ant., marb., d. orné, fil., tr. dor.

Bel exemplaire.

69. Monumenti antichi inediti ovvero notizie sulle antichita e belle arti di Roma (per G. A. Guattani). Années 1784 à 1789 et 1805. *In Roma, nella stamperia Pagliarini,* 1784 à 1805, 7 vol. in-4, grav., cart., non rog.

70. Colonna Traiana eretta dal senato, e popolo romano all' imperatore Traiano Avgvsto nel svo foro in Roma. Scolpita con l'historie della guerra Dacica, intagliata da Pietro Santi Bartoli, con l'espositione latina d'Alfonso Ciaccone. *Roma, de Rossi (s. d.)*, in-fol. oblong, en feuilles.

71. Colonna Traiana, scolpita con l'historie della gverra Dacica, nvovamente disegnata et integliata da Pietro Santi Bartoli. *Roma, de Rossi (s. d.)*, in-fol. oblong., planches v. ant., marb. fil., tr. r.

72. Le Pitture antiche delle grotte di Roma, e del sepolcro de Nasoni, disegnate et intagliate da Pietro Santi Bartoli, et Francesco Bartoli, descritte et illustrate da Gio : Pietro Bellori et Michel-Angelo Causei della Chausse. *Roma, nella stamperia di Gaetano degli Zenobj,* 1706. In-4, gravures v. ant.

73. Gli antichi Sepolcri, ovvero Mausolei romani ed etruschi, trovati in Roma ed in altri luoghi celebri; raccolti da Pietro Santi Bartoli. *In Roma,* 1725. In-fol., planches vél.

74. Arcs et Amphithéâtres, Mausolées, Colonnes antiques, Bas-Reliefs, Vues de Rome et de Venise. In-fol. cart.

On a réuni dans ce volume 135 planches, prises dans divers ouvrages.

75. Le Antichità di Ercolano esposte (da Ottav. Ant. Bajardi). *Napoli, nella regia stamperia,* 1755 à 1792, 9 vol. in-fol., gravures, demi-rel. v. v. avec coins, dos orné.

Fortes mouillures aux premières pages du tome II.

76. Dictionnaire des antiquités chrétiennes, par M. l'abbé Martigny, ouvrage accompagné de 270 gravures. *Paris, Hachette,* 1865, gr. in-8, br., texte à deux col.

77. Abécédaire, ou rudiment d'Archéologie, par M. A. de Caumont. — Architecture religieuse. *Caen, Le Blanc Hardel,* 1869, in-8 br., nombr. figures.

78. Sépultures gauloises, romaines, franques et normandes, faisant suite à la Normandie souterraine, par M. l'abbé Cochet. *Paris,* 1857, in-8 br., figures.

79. La Normandie souterraine, ou Notices sur des cimetières francs explorés en Normandie, par M. l'abbé Cochet. *Paris,* 1855, in-8 br., nombr. fig.

80. Le Tombeau de Childéric, roi des Francs, restitué à l'aide de l'archéologie et des découvertes récentes, par M. l'abbé Cochet. *Paris,* 1859, in-8 br.

81. Le Moyen Age et la Renaissance, histoire et description des mœurs et usages, du commerce et de l'industrie, des sciences, des arts, des littératures et des beaux-arts en Europe, publié sous la direction littéraire de M. Paul Lacroix et sous la direction artistique de M. Ferdinand Seré. *Paris, Baudry* (*s. d.*), 168 livr. br. en 4 vol. in-4, gravures noires et en couleur.

82. Les Monuments de la Monarchie française, qui comprennent l'histoire de France, avec les figures de chaque

règne que l'injure des temps a épargnées, par le R. P. dom Bernard de Montfaucon. *A Paris, chez J.-M. Gandouin et P.-F. Giffard*, 1729 à 1733, 5 vol. in-4, nombreuses planches v. ant.

Reliure fatiguée.

83. Antiquités nationales, ou Recueils de monuments pour servir à l'histoire générale et particulière de l'empire français, par Aubin-Louis Millin. *A Paris, chez Drouhin*, 1790 à an VII, 5 vol. in-4, planches cart. n. rog.

84. Histoire de l'abbaye royale de Saint-Denis en France, par dom Michel Félibien. *A Paris, chez Frédéric Léonard*, 1706, in-fol. avec pl. v. ant. granit fil. tr. r.

85. Histoire de l'abbaye royale de Saint-Germain-des-Prez, par dom Jacques Bouillart. *A Paris, chez Grégoire Dupuis*, 1724, in-fol. avec grav. de Chaufourier, cart. non rog.

86. Description archéologique des monuments de Paris, par J. de Guilhermy. *Paris, Bance*, 1856, in-12, br. figures. — Curiosités de l'histoire du vieux Paris, par P. Lacroix. *Paris, Ad. Delahaye*, 1858, in-18 br.

87. Description de la cathédrale de Chartres, par l'abbé Bulteau. *Chartres et Paris*, 1850, in-8. br. (avec cinq planches).

6. — MUSIQUE, ARTS INDUSTRIELS ARTS DIVERS

88. Histoire de la vie et de l'œuvre de Ludwig von Beethoven, vies de Haydn, de Mozart et de Métastase, par de Stendhal; de Mozart, par J. Goschler.— Histoire de la Société des concerts du Conservatoire impérial de musique, et Histoire des

Concerts populaires de musique classique, par Elwart. — Les Soirées de l'Orchestre, par Hector Berlioz, ens. 7 vol. in-8 et in-12 br. dont 1 rel.

89. Recherches sur le commerce, la fabrication et l'usage des étoffes de soie, d'or, d'argent et autres tissus précieux, en Occident principalement, en France pendant le moyen âge, par Francisque Michel. *Paris, de l'imprimerie de Crapelet*, 1852, 2 vol. in-4 br.

90. Les Armes et les Armures, par P. Lacombe.—Les Merveilles de la céramique, par A. Jacquemart (Occident). — Les Merveilles du monde souterrain, par L. Simonin. *Paris, L. Hachette*, 1868, 1870, 3 vol. in-12, figures br. dont 1 cart.

91. L'Art pour tous, encyclopédie de l'art industriel et décoratif, paraissant les 15 et 30 de chaque mois, publié sous la direction de M. C. Sauvageot, fondé par M. Émile Reiber; 1re et 13e années, 1861 à 1874. *Paris, A. Morel*, 1861 à 1875, in-fol. grav., 10 vol. (1re à 10e année) cart. et les années 1872 à 1874 en numéros.

Les deux derniers numéros de 1874 manquent. — Il y a en plus 6 numéros de 1873.

92. Exposition universelle de 1855. Rapports du jury mixte international, publiés sous la direction de S. A. I. le prince Napoléon. *Paris, Imprimerie impériale*, 1856, in-8 br. non coupé.

93. Exposition universelle de 1867 à Paris. Rapports du jury international, publiés sous la direction de M. Michel Chevallier. *Paris, Paul Dupont*, 1868, 12 vol. in-8 br.

94. Académie de l'espée de Girard Thibauld d'Anvers, où se démonstrent par reigles mathématiques, sur le fondement d'un cercle mystérieux, la théorie et pratique des vrais et iusqu'à

présent incognus secrets du maniement des armes à pied et à cheval. *S. l.*, 1628, gr. in-fol., front. et gravures de Bolsvert, bas.

Ouvrage très-curieux par les planches qui le décorent. M. Pieters, dit Brunet, croit qu'il a été imprimé par les Elsevier de Leyde. — L'exemplaire ci-dessus a une forte mouillure, et la reliure est très-fatiguée.

SCIENCES

95. Pensées de l'empereur Marc-Aurèle Antonin, traduites du grec par M. de Joly. *A Paris, chez Ant. Aug. Renouard*, 1796, in-12, portrait gravé par Saint-Aubin, mar. viol. tr. dor. (*anc. reliure*) (*Lefebvre*).

96. Œuvres posthumes et œuvres inédites de Vauvenargues, avec notes et commentaires, par D. L. Gilbert. *Paris, Furne*, 1857, 2 vol. in-8 br.

97. Astronomie populaire par François Arago, publiée par M. J.-A. Barral. *Paris*, 1855-56, 3 vol. in-8 br.

BELLES-LETTRES

1. — POÉSIE

98. Les Métamorphoses d'Ovide en latin et en français, de la traduction de M. l'abbé Bancer. — *A Paris, chez Leclerc*, 1767 à 1771, 4 vol. in-4, grav. de Monnet, v. f. fil. tr. dor.

Premier tirage de cet ouvrage. — Il y a deux exemplaires du tome II.

99. Histoire de la poésie provençale, cours fait à la faculté des

lettres de Paris par C. Fauriel. *Paris, Jules Labitte*, 1846, 3 vol. in-8 br.

100. Les Bardes bretons, poëmes du XIe siècle, traduits en français avec le texte en regard, par le vicomte Hessart de la Villemarqué. *Paris*, 1860, in-8.

101. La Divina Commedia di Dante Alighieri, col comento del P. Baldassar re Lombardi. *In Padova*, 1822, 5 vol. in-8 vel. bl.

102. Œuvres de Boileau Despréaux. *Paris, Pierre Didot l'aîné*, 1800, 2 tomes en 1 vol. in-12, mar. bleu foncé fil. tr. dor. (*Bozerian jeune*).

103. Œuvres de La Fontaine. *Paris, stéréotypie d'Herhan*, 1803 à 1804, 5 vol. pet. in-8, portraits et grav. mar. v. dos orné, tr. dor.

Exemplaire en papier vélin.

104. Contes et Nouvelles en vers, par M. de La Fontaine, t. I. *A Amsterdam* 1762, — Petit in-8, front., portr., gravures et fleurons v. ant. dent. tr. dor.

Édition dite des Fermiers généraux, fleurons tirés à part. Exemplaire court de marges. Le tome II manque.

105. Contes et Nouvelles en vers, par Jean de La Fontaine, (*s. l.*), 1777, 2 tomes en 1 volume in-8, v., rac. dent., tr. dor.

Contrefaçon des *Fermiers généraux*.

106. Histoire de la vie et des ouvrages de J. de La Fontaine, par C.-A. Walckenaer. *Paris, A. Nepveu*, 1824, in-8, portrait à l'eau-forte, demi-rel. mar. rouge, n. rog.

107. Poésies d'André Chénier, édition critique, par L. Becq de

Fouquières. — Œuvres en prose d'André Chénier. *Paris, Charpentier*, 1872. 2 vol. in-12 br.

108. Œuvres choisies de Gresset. *Paris, Stéréotypie d'Herhan*, 1802. In-12, papier vélin, portrait gravé par Saint-Aubin et figures de Moreau le jeune, mar. rouge, tr. dor. (anc. rel.) (Lefebvre).

Bel exemplaire provenant de la bibliothèque de la Duchesse de Raguse.

109. Victor Hugo. — Les Contemplations. *Paris, Michel Lévy fr.*, 1856. 2 vol. in-8 br.

110. Théophile Gautier. — Émaux et Camées. *Paris, Eug. Didier*, 1852. In-16 br.

111. Œuvres complètes de P.-J. de Béranger. Nouvelle édition. *Paris, Perrotin*, 1844. In-16 vélin, fil., tr. dor.

Le chiffre de M. Pils sur le plat.

112. Dernières Chansons de P.-J. de Béranger, 1834 à 1851. — Ma Biographie, par P.-J. de Béranger, avec un appendice. *Paris, Perrotin*, 1857-58. 2 vol. in-8 br.

113. Cinq octaves de sonnets, par Claudius Popelin. *Paris, Alph. Lemerre*, 1875. In-4 br., texte anc.

Envoi autographe signé de l'auteur.

114. Poésies populaires de la Kabylie du Jurjura, texte kabyle et traduction par A. Hanoteau. *Paris, Imprimerie impériale*, 1867. In-8 br.

115. Livre des Orateurs, par Cormenin. *Paris, Pagnerre*, 1869. 2 vol. in-8 br., portrait.

2. — THEATRE

116. Histoire universelle du théâtre, par Alphonse Royer. *Paris, A. Franck*, 1869-1870. 4 vol. in-8 br.

117. Le Théâtre, par Ch. Garnier. *Paris, L. Hachette*, 1871. In-8 br.

Envoi autographe signé de l'auteur.

118. Œuvres de Jean Racine. *Paris, Aug. Renouard*, 1801. 5 vol. in-12, portrait de Saint-Aubin, v. fauve antiq. dent., tr. dor.

119. Drames et Comédies, par M. L. Becq de Fouquières. *Paris, Plon et Dentu*, 1860, in-12, chagr. rouge, fil., dos orné, tête dor. n. rog.

Avec une dédicace en vers, signée de l'auteur, à M. Pils.

— Même ouvrage in-12 br.

3. — ROMANS

120. Il Decameron di messer Giovanni Boccaccio. *Firenze, Passigli, Borghi e Comp.*, 1830 à 1831, 5 tomes en 4 vol. in-18, grav., vél., fil.

Le chiffre de M. Pils sur les plats.

121. Œuvres de Rabelais. *Paris, Victor Lecou*, 1844. — Chronique de la Pucelle. *Paris, Delahays*, 1859. — Le *Cymbalum mundi* de Bonaventure des Periers. — Œuvres inédites de P. de Ronsard, recueillies et publiées par Prosper Blanchemain. *Paris, Aubry*, 1875, ens. 4 vol. in-12. dem.-rel.

122. Les Aventures de Télémaque, fils d'Ulysse, par Fénelon. *Paris, Ménard et Desenne fils*, 1824. 2 vol. in-12, figures de Devéria, v. rose, dent. tr. dor.

123. Les Contes drôlatiques, mis en lumière par le sieur de Balzac, cinquième édition illustrée de 425 dessins par Gustave Doré. *Paris*, 1855, in-8, dem.-rel. mar. noir, tr. jasp.

124. Nodier (Ch.). Romans, Souvenir de jeunesse. *Paris, Charpentier*, 1855. 2 vol. in-12 br.

125. Le Diable à Paris, Paris et les Parisiens, précédé d'une histoire de Paris par Théophile Lavallée, illustrations par Gavarni et Bertall. *Paris, J. Hetzel*, 1845-46. 2 vol. in-4 br.

126. Michelet (J.) — L'Oiseau, l'Insecte, la Sorcière. *Paris, L. Hachette*, 1856-1862. 3 vol. in-12 br.

4. — POLYGRAPHES, COLLECTIONS

127. Sainte-Beuve. — Causeries du Lundi. *Paris, Garnier fr.*, 1852-1862. 15 vol. in-12, demi-rel. — Nouveaux Lundis. *Paris, Michel Lévy fr.*, 1863-1869. 11 vol. in-12 br. Ens. 26 vol.

128. Histoire des livres populaires ou de la littérature du colportage, par Ch. Nisard. *Paris, Dentu*, 1864. 2 vol. in-12 br

129. Œuvres mêlées de Saint-Évremond, revues annotées et précédées d'une histoire de la vie et des ouvrages de l'auteur, par Ch. Giraud. *Paris, Léon Techener*, 1866. 3 vol. in-12 br.

130. — Œuvres complètes de Voltaire. *S. l., de l'imprimerie de la Société littéraire-typographique (Kehl)*, 1784.

70 vol. in-8, portrait gravé par Tardieu et figures de Moreau le jeune, v., rac., fil.

131. COLLECTION COMPLÈTE DES ŒUVRES DE J.-J. ROUSSEAU. *A Genève*, 1782 à 1789. 17 vol. in-4, portrait et grav. de Moreau, mar. r., filets, dent. int., tr. dor. (Bradel).

Quelques-unes des gravures sont tirées avant la lettre.

132. Œuvres de Salomon Gessner *à Paris*, chez *Ant. Aug. Renouard*, 1799. 4 vol. in-8, figures de Moreau le jeune, v. fauve antiq., dent., tr. dor.

133. Œuvres complètes d'André de Chenier. *Paris, Baudouin fr.*, 1819. In-8, dem.-rel. chagr., noir, plats, toiles.

134. Heine (Henri). Œuvres. *Paris, Michel Lévy fr.*, 1856-1868. 8 vol. in-12 br.

Lutèce. — Reisebilder. — De l'Allemagne. — Satires et portraits. — De tout un peu. — Allemands et Français.

135. Musset (Alfred de). Œuvres diverses. *Paris, Charpentier*, 1857. 7 vol. in-12, dem.-rel. v. f.

Comédies et proverbes, 2 volumes. — Premières poésies et poésies nouvelles, 2 volumes. — Contes et nouvelles, 2 volumes. — Confessions d'un enfant du siècle.

136. Halévy (F.). — Souvenirs et portraits, études sur les beaux-arts. — Derniers souvenirs et portraits. *Paris, Michel Lévy fr.*, 1861-63. 2 vol. in-12 br.

137. Lettres à une inconnue, par Prosper Mérimée. *Paris, Michel Lévy fr*, 1874. 2 vol. in-8 br.

138. Œuvres complètes de Lord Byron, traduites par M. Benjamin Laroche. *Paris, Charpentier*, 1841, in-4, portraits, demi-rel. mar.

139. Bibliothèque de poche, par une Société de gens de lettres

et d'érudits. *Paris, Paulin et Le Chevalier,* 1847-1855. 10 vol. in-16 br.

140. Nouvelle collection Jannet. *Paris, E. Picard et A. Lemerre,* 1867 à 1874. 7 vol. pet. in-8 cart. toile bleue.

Rabelais, tome I à V et tome VII. — Malherbe, 1 volume.

141. Bibliothèque Elzévirienne. *A Paris, chez P. Jannet,* 1853 à 1858. 17 vol. in-18, cart. toile r. n. rog.

Histoire amoureuse des Gaules, 2 volumes. — Chronique d'Alain Chartier, 3 volumes. — Des Periers, 2 volumes. — Ronsard, 2 volumes. — Gaultier Garguille, 1 volume. — Dictionnaire des précieuses, 2 volumes. — Nuits de Straparole, 2 volumes. — Mémoires de la reine Marguerite, 1 volume. — Caquets de l'accouchée, 1 volume. — Les quinze joies de mariage.

HISTOIRE

142. Voyage en Terre-Sainte, par F. de Saulcy. *Paris, Didier,* 1865. 2 vol. in-8 br. (cartes).

143. Correspondance de V. Jacquemont avec sa famille et plusieurs de ses amis pendant son voyage dans l'Inde. *Paris, Garnier,* 1861. 2 vol. in-12 br.

144. Les Dangers du rang suprême, 2 vol. in-4 v. ant. marb.

Manuscrit sur papier, daté de 1785, contenant la liste avec une notice biographique de tous les souverains, princes, ducs, etc., qui ont été assassinés. Le tome Ier est dérelié et contient de nombreuses corrections. On a joint à l'exemplaire un certain nombre de lettres et de pièces diverses relatives à ce manuscrit.

145. G. Grote.—Histoire de la Grèce depuis les temps les plus reculés jusqu'à la fin de la génération contemporaine

d'Alexandre le Grand. Traduit de l'anglais, par A. L. de Sadous. *Paris, A. Lacroix, Verboeckhoven*, 1864-1867, 19 vol. in-8 br.

146. Pausanias, ou Voyage historique de la Grèce, traduit en françois, avec des remarques, par M. l'abbé Gedoyn. *A Paris, chez Didot*, 1731. 2 vol. in-4, grav. et cartes, bas. tr. r.

147. Les Vies des hommes illustres grecs et romains, comparées l'une avec l'autre par Plutarque, de Chéronée, translatées de grec en français, par M. Jacques Amyot, conseiller du Roy et grand aumônier de France. *A Paris, chez Guill. Chaudière*, 1852. 2 forts vol. in-8 bas.

148. Histoire de la Littérature grecque, par Odfried Müller, traduite et annotée par H. Hillebrand. *Paris, Aug. Durand*, 1866. 2 vol. in-8 br.

149. Dictionnaire de Biographie, Mythologie, Géographie anciennes, accompagné de près de 1,000 gravures d'après l'antique, traduit par M. N. Theil. *Paris, Firm. Didot*, 1865, in-8, texte à deux col. br.

150. L'Empire Romain à Rome, par J.-J. Ampère. *Paris, Mich. Lévy fr.*, 1867. 2 vol. in-8 br.

151. Histoire romaine, par Théodore Mommsen, traduite par M. C.-A. Alexandre. *Paris, A. Franck*, 1833 à 1869. 7 vol. in-8 br.

152. — Fastes de la France ou tableaux chronologiques et géographiques de l'histoire de France, par C. Mullié. *Paris, Hachette*, S. D. In-4° oblong, carte, demi-rel., bas., non rog.

Exemplaire du comte Oudinot.

153. Recherches sur les drapeaux français, oriflammes, bannières de France, marques nationales, couleurs du Roi, dra-

peaux de l'armée, pavillons de la marine, par Gustave Desjardins. *Paris, Ve A. Morel*, 1874. Gr. in-8 br., 42 planches en coul.

154. Histoire des expéditions maritimes des Normands et de leur établissement en France au xe siècle, par M. Depping *Paris, Didier*, 1844. In-8 br.

155. Histoire de la conquête de l'Angleterre par les Normands, par Augustin Thierry. Quatrième édition. *Paris, Just Tessier*, 1856. 4 vol. in-8, demi-rel. v.

156. Œuvres de Jean, sire de Joinville, comprenant l'histoire de saint Louis, le *Credo* et la lettre à Louis X, publiés par Natalis de Wailly. *Paris, Adrien Leclerc*, 1867. Gr. in-8 br.

157. Choix de chroniques et mémoires sur l'histoire de France, avec notices biographiques, par J.-A.-C. Buchon. *Paris, A. Desrez*, 1836. In-4, texte à deux col., demi-rel. v. antiq.

158. Agnès Sorel et Charles VII, essai sur l'état politique et moral de la France au xve siècle, par F. Steenackers. *Paris, Didier*. In-8 br., portrait.

159. Jeanne d'Arc, par Henri Martin. *Paris, Furne*, 1857. — Jeanne d'Arc, par J. Michelet (1412-1432). *Paris, L. Hachette*, 1853. Ens. 2 vol. in-12 br.

160. Armand Baschet. — Les princes de l'Europe au xvie siècle. François Ier, Philippe II, Catherine de Médicis, les Papes, les Sultans, etc., d'après les rapports des ambassadeurs vénitiens. *Paris, H. Plon*, 1862. In-8 br.

161. Journal des choses mémorables advenues durant le règne de Henry III, roy de France et de Pologne. Edition nouvelle. *A Bologne, chez les héritiers de Pierre Marteau*, 1720. 2 vol.

— Journal du règne de Henri IV, roy de France et de Navarre, par M. Pierre de l'Étoile. *S. L.*, 1732. 2 vol. Ens. 4 vol. in-8, portraits, v. ant.

Il manque une partie du titre du tome Ier du Journal de Henri III.

162. Histoire du règne de Henri IV, par M. Auguste Poirson. *Paris, Didier*, 1864. 3 vol. in-8 br.

163. La jeunesse de Catherine de Médicis, par A. de Reumont. Ouvrage traduit, annoté et augmenté par Armand Baschet. *Paris, Henri Plon*, 1866. In-8 br.

164. Histoire des princes de Condé pendant les XVIe et XVIIe siècles, par M. le duc d'Aumale, avec cartes et portraits, gravés sous la direction de M. Henriquel-Dupont. *Paris, Mich. Lévy fr.*, 1863. 2 vol. in-8 br.

165. Le Roi chez la Reine ou histoire secrète du mariage de Louis XIII et d'Anne d'Autriche par Armand Baschet. *Paris, A. Aubry*, 1864, in-8, br.

166. Madame de Longueville — Madame de Chevreuse et Madame de Hautefort — Jacqueline Pascal — Les nièces de Mazarin. Études de mœurs et de caractères au XVIIe siècle — ens. 4 vol. in-8 br.

167. Mémoires du duc de Saint-Simon, publiés par MM. Chéruel et Ad. Regnier, *Paris, L. Hachette*, 1873-74. 17 vol. in-12 br. neuf.

168. Histoire du Consulat et de l'Empire, par M. Ad. Thiers. *Paris, Paulin et Lheureux*, 1845-1862. 20 vol. in-8 br.

169. Mémoires du duc de Rovigo, pour servir à l'histoire de

l'empereur Napoléon. — *Paris*, *A. Bossange*, 1828 8 vol. in-8, demi-rel. chag. br., tr. peigne.

Envoi du petit-fils de l'auteur à M. Pils.

170. Histoire de Ch. Oudinot, maréchal de l'Empire. — Biographie du général Drouot. — Le général Hoche. — Le général Derivaux. — Le général L. Jordy. — Le général Henrion. — Le général marquis de Coraman. — Ens. 9 vol. et br. in-8 et in-12 rel. et br.

171. Histoire de la Révolution de 1848, par Daniel Stern. *Paris, Charpentier*, 1862. 2 vol. in-12 br.

172. Metz. Campagne et négociations par un officier supérieur de l'armée du Rhin (carte color.). — Journal d'un officier de l'armée du Rhin (carte). — Campagne de l'armée du Nord par le général L. Faidherbe, ens. 3 vol. in-8 br.

173. Les Antiquités et Recherches des villes, châteaux et places les plus remarquables de toute la France, par André Du Chesne, Tourangeau. *A Paris, chez Jean Petit-Pas*, 1609. 2 parties en 1 vol. fort. in-8 v.

174. Les anciennes Maisons de Paris sous Napoléon III, par Lefeuve. *Paris*, 1865. 4 vol. in-16, 1 vol. br. et 3 vol. demi-rel. chag. v. tr. peigne.

175. Les Antiquités, Fondations et Singularités des plus célèbres villes, châteaux, places remarquables, églises, forts, forteresses du royaume de France, avec les choses plus mémorables advenues en iceluy, revues, corrigées et augmentées de nouveau avec une addition de la chronologie des roys de France, par J. D. F. P. *Paris, chez Jacques Bessin*, 1614, in-16, dem.-rel. v. f.

176. Le Théâtre des antiquitez de Paris, divisé en quatre livres

par le R. P. F. Jacques Du Breuil, Parisien religieux de Saint-Germain-des-Prez. *Paris*, 1639 in-4°, parchemin.

177. Journal d'un curé, ligueur de Paris sous les trois derniers Valois, publiés par Ed. de Barthélemy. *Paris, Didier.* — Légendes du vieux Paris, par Amédé de Ponthieu. *Paris*, 1867, ex. en 2 vol. in-12 br.

178. Description des curiosités des églises de Paris et des environs, par Antoine Martial Le Fevre, prêtre de Paris. *Paris*, 1759, in-12, v. antiq.

179. Ed. Fournier. Paris démoli, 2me édition, revue et aug. par Th. Gautier. *Paris, Aug. Aubry*, 1855, in-12, dem.-rel. chagr. rouge.

180. Lorain (P.). Essai historique sur l'abbaye de Cluny, suivi de Pièces justificatives. *Dijon*, 1839, in-8, dem.-rel., v. viol. — Même ouvrage, 2me édition. *Paris, Sagnier et Bray*, 1845, in-8 br.

181. Les Trappistes ou l'ordre de Cîteaux au XIXe siècle, histoire de la Trappe depuis sa fondation jusqu'à nos jours, par M. Casimir Gaillardin. *Paris, L. Maisin*, 1853, 2 vol. in-8 br.

182. Histoire des comtes d'Amiens, par Ch. Du Fresne, sieur Du Cange. — Histoire de Blois et de son territoire, par Touchard Lafosse. — Excursion en Poitou et en Touraine. Lettre à M. de Caumont, par M. de Cougny, ens. 3 vol. in-8 br.

183. Blois et ses environs. — Quatre jours dans Orléans, par E. Emmanuel. — Le Château d'Amboise et ses environs, par L. Boileau. — Notice sur la station de Chartres. — Guide pittoresque dans la Nièvre et spécialement dans Nevers. — Le Guide du voyageur à Poitiers et aux environs. — Guide

pittoresque dans Nîmes et les environs. — Guide à la cité de Carcassonne. — Le Château de Pau, souvenir historique, par Bascle de Lagreze. — Notice sur le château de Pau, par Th. Chastang. — Origine des Basques de France et d'Espagne, par Gerat. — Guide du voyageur en France, par Richard. — Ens. 12 vol. br. in-16 et in-12.

184. Histoire de la Ville d'Autun connue autrefois sous le nom de Bibracte, capitale de la république des Éduens, divisée en IV livr., par Joseph Rosny. *Autun*, 1802, in-4, demi-rel. v. viol.

Cet exemplaire est enrichi de :

1 carte de l'arrondissement d'Autun,

1 plan de la ville d'Autun,

15 anciens dessins préparés pour une histoire d'Autun, et de 55 planches.

185. Les Cénomans anciens et modernes, histoire du département de la Sarthe depuis les temps les plus reculés, par M. l'abbé Aug. Voisin. *Le Mans*, 1862, in-8 br.

186. Vicissitudes, Heur et Malheur du vieil Hesdin, par le Dr B. Danvin. *Saint-Pol*, 1866, in-8 br.

187. Don Carlos et Philippe II, par M. Gachard. *Bruxelles*, 1863. 2 vol. in-8 br., portrait.

188. Les Délices de l'Italie, contenant une description exacte du païs, des principales villes, de toutes les antiquitez et de toutes les raretez qui s'y trouvent (par de Rogissart et Havart.) *A Paris, chez la veuve Claude Barbin*, 1707, 4 vol. in-8 front. cartes et grav. v. ant. tr. rouge.

189. L'Italie il y a cent ans, ou Lettres écrites d'Italie, à quelques amis en 1739 et 1740, par Charles de Brosses, publiées par

M. R. Colomb. *Paris, Alphonse Levavasseur*, 1836, 2 vol. in-8 br.

190. Memorie del Calcio fiorentino, tratte da diverse scritture (per Giovanni de Bardi). *In Firenze, nella stamperia di S. A. S. alla Condotta*, 1688. In-4 front. et 2 pl. grav. demi-rel. v. noir.

191. Histoire de la république de Venise, par P. Daru. Troisième édition. *A Paris, chez Firmin Didot père et fils*, 1826, 8 vol. pet. in-12, cartes, dos et coins de v.

192. Les Monastères Bénédictins d'Italie, Souvenirs d'un voyage littéraire au delà des Alpes, par Alphonse Dantier. *Paris*, 1866, 2 vol. in-8 br.

193. Samuelis Liberi baronis de Pufendorf, de rebus a Barolo Gustavo Sveciæ rege gestis commentariorum libri septem. *Norimbergæ, sumptibus Christophori Riegelii*, 1696. In-fol. nombreuses pl. et portraits, v. ant.

194. Études sur l'Allemagne ancienne et moderne par M. Philarète Chasles. — De l'Allemagne, par Mme de Staël. — Histoire de la guerre de Trente ans par M. Schiller, en 3 vol. in-12 br.

195. Mahomet et le Coran, précédé d'une introduction par J. Barthélemy Saint-Hilaire. *Paris, Didier*, 1865, in-8 br.

196. Recherches historiques sur les Maures et Histoire de l'Empire de Maroc, par M. De Chenier. *Paris* 1787, 3 vol. in-8 v. rac.

197. La Vie arabe et la société mulsumane par le général E. Daumas. *Paris, Michel Lévy fr.*, 1869, in-8 br.

198. Histoire de l'Algérie ancienne et moderne depuis les pre-

miers établissements des Carthaginois jusques et y compris les dernières campagnes du général Bugeaud, avec une introduction par Léon Galibert. *Paris, Furne,* 1843, gr. in-8, carte col. et gravures, dem-rel. mar. rouge n. rog.

199. Mœurs et coutumes de l'Algérie. — Les Mystères du peuple arabe. — Histoire des Arabes, par Sédillot. — Les Chevaux du Sahara et les mœurs du désert. — Les Kabailes du Djerdjera, par C. Devaux. — La chasse au Lion par Jules Gérard, — ens. 6 vol. in-12 br. dont 1 rel.

200. La Kabylie et les coutumes kabyles, par A. Hanoteau et A. Letourneux. *Paris, Imprimerie nationale,* 1872-1873, 3 vol. in-8 br. (carte).

201. Les Touaregs du Nord, par Henri Duveyrier, avec 31 planches et une carte. *Paris, Challamel,* 1864, gr. in-8 br.

---

202. Le Charivari, du 1er juillet 1837 au 30 juin 1838, 3 vol. in-4 cart.

203. Revue des Deux Mondes (années complètes 1854-1872-1873-1874, plus 38 livraisons des différentes années.).

ORDRE DE LA VACATION

142 à 203

1 à 141

CONDITIONS DE LA VENTE

La vente se fait au comptant.

Les acquéreurs payeront, en sus des enchères, cinq centimes par franc, applicables aux frais.

Il y aura Exposition des Livres une heure avant la vente.

EN VENTE A LA MÊME LIBRAIRIE

PARIS. — J. CLAYE, IMPRIMEUR, 7, RUE SAINT-BENOIT. — [2289]

www.ingramcontent.com/pod-product-compliance
Ingram Content Group UK Ltd.
Pitfield, Milton Keynes, MK11 3LW, UK
UKHW032017260826
14628UKWH00006B/2544

9 782329 496634